RESPECT BOOKS

Eeva Rusanen

Menestyjän sananlaskut

Sanojen voimaa

Kustantaja: BoD – Books on Demand,
Helsinki, Suomi

Valmistaja: BoD – Books on Demand,
Nordstedt, Saksa

ISBN: 9789523185692

Rohkeasydämiselle mikään ei ole mahdotonta.

Lukijalle

Idea tämän teoksen materiaalin kokoamisesta syntyi henkilökohtaisten kokemusten myötä. Vuoden 2014 keväällä ryhtyessäni päivätyön ohella sivutoimiseksi yrittäjäksi minulle valkeni melko pian, kuinka paljon työtä, rohkeutta, energiaa ja sitkeyttä yritystoiminta vaati. Alkuun erinomaisilta vaikuttaneet ideat saattoivat osoittautua heti kohta täysin toimimattomiksi. Mutta kun muuta vaihtoehtoa ei ollut, oli aina aloitettava alusta. Yhä uudelleen ja uudelleen. Välillä turhautuminen hiipi kuin salaa mieleeni. Masennuksen hetkellä muistin aina samat sanat: No pain, no gain (ilman tuskaa ei synny tulosta). Tätä slogania toistelin mielessäni, kun ryhdyin uusiin hankkeisiin.

Jossakin vaiheessa illan pimeinä hetkinä tulin lukeneeksi sattumoisin käsiini osuneen aforismikokoelman, joka sisälsi tunnettujen historian henkilöiden ja suurten ajattelijoiden sitaatteja. Huomasin, että sain voimaa viisaista lauseista. Ne kannustivat etenemään valitsemallani tiellä. Päätin etsiä lisää voimaannuttavia ajatuksia. Sitä kautta tutustuin muun muassa suomalaisiin, kiinalaisiin, japanilaisiin, venäläisiin ja amerikkalaisiin sananlaskuihin. Osan niistä olen koonnut tähän teokseen.

Toivon, että voin jakaa kanssasi tämän iloisen ja palkitsevan harrastuksen.

Eeva Rusanen

Vaikeuksien kautta voittoon

Vastoinkäymiset ovat siunaus valepuvussa.

Kun hätä on suurin, on apukin lähellä.

Alku aina hankalaa, lopussa kiitos seisoo.

Ei ahkera hätään joudu, kerkeeväinen kerjäämään.

Kuta koulu kovempi, sitä oppi selkeämpi.

Joka leikkiin ryhtyy, se leikin kestäköön.

Kelle paljon annetaan, siltä paljon vaaditaan.

Harjoitus tekee mestarin.

Joka vaivojansa valittaa on vaivojensa vanki.

Helposti saatu on helposti menetetty.

Aina roiskuu, kun rapataan.

Ei kädet ristissä rikkaiksi tulla.

Ei raha puussa kasva.

Ei saa jäädä tuleen makaamaan.

Ei se tapa, mikä vahvistaa.

Ei kannata lähteä merta edemmäs kalaan.

No pain, no gain (ilman tuskaa ei synny tulosta).

Viikon kestää vaikka aidan seipäänä.

Vahingosta viisastuu.

Työ tekijäänsä kiittää.

Esteet katoavat etevän tieltä

Hiljaa hyvä tulee, ajatellen aivan kaunis.

Jos ajattelet, että kykenet tai jos ajattelet, ettet kykene, olet aina oikeassa.

Opiskelu ilman ajattelua on hyödytöntä. Ajattelu ilman opiskelua on vaarallista. (Konfutse)

Kaikki on mahdollista. Mahdottoman toteuttaminen vain vie hieman enemmän aikaa.

Erehdyksen tekeminen ja korjaamatta jättäminen – se vasta on erehdys. (Konfutse)

Tuhannenkin kilometrin matka alkaa yhdestä askeleesta. (Laotse)

Tee tai älä tee, yrittämistä ei ole.

Tiedon voi hankkia kolmella tavalla: ajattelemalla – se on jalo tapa, yrityksen ja erehdyksen kautta – se on kova tie tai

matkimalla – se on helppo tapa.
(Konfutse)

Minkä nuorena oppii, sen vanhana taitaa.

Se ei pelaa, joka pelkää.

Rohkea rokan syö.

Se, joka ei osaa tehdä, opettaa.

Vierivä kivi ei sammaloidu.

Menestys on kykyä olla menettämättä innostustaan toistuvista epäonnistumisista huolimatta. (Churchill)

Häviäjä ei ole se, joka kärsii tappion, vaan se, joka antaa periksi.

Tuumasta toimeen.

Eivät harmit ihmistä etsi vaan ihminen harmeja.

Kertaus on opintojen äiti.

Ei kysyvä tieltä eksy.

Kukaan ei ole seppä syntyessään.

Ei Roomaakaan päivässä rakennettu.

Itku ei auta markkinoilla

Eniten tyhjät tynnyrit ääntä pitää.

Ei helmiä sioille.

Kun antaa pirulle pikkusormen, se vie
koko käden.

Kiittämättömyys on maailman palkka.

Kukaan ei ole profeetta omalla maallaan.

Kun merellä vahinko sattuu, niin kaikki
ovat maalla viisaita.

Kun kissa on poissa, niin hiiret hyppivät
pöydällä.

Ei elämä irvistellen somene.

Ei haukkuva koira pure.

Ei kannettu vesi kaivossa pysy.

Ei kaikki ole kultaa, mikä kiiltää.

Ei korppi korpin silmää noki.

Aina vaivainen valittaa.

Aika parantaa haavat.

Aika menee arvellessa, päivä päätä käännellessä.

Arka mies ei saa kaunista vaimoa.

Ei niin pientä pilaa, ettei totta toinen puoli.

Kenen leipää syöt, sen lauluja laulat.

Ei kukaan ole kuurompi kuin se, joka ei tahdo kuulla.

Auta miestä mäessä, älä mäen alla.

Autuaita ovat puupäät, sillä he eivät huku.

Aurinko paistaa niin hyville kuin pahoillekin.

Aidan takana ruohokin on vihreämpää.

Ei kukko käskien laula.

Ei leikki leivässä pidä.

Enempi on maailmaa kuin ikkunasta näkyy.

Antaa tulla lunta tupaan ja jäitä porstuaan.

Ei makeaa mahan täydeltä.

Kyllä aina ottajia on, jos joku antaa.

Kyllä maailmaan ääntä mahtuu.

Luulo ei ole tiedon väärti.

Laiska töitään lukee.

Mikä laulaen tulee, se viheltäen menee.

Minkä ilotta oppii, sen surutta unohtaa.

Mikään ei kuivu nopeammin kuin kyynel.

Minkä taakseen jättää, sen edestään löytää.

Mitä useampi kokki, sitä huonompi soppa.

Kyllä koira koiran tuntee.

Kyllä on oksan ottajia, jos on kuusen kantajia.

Kyllä Jumala hullut hoitaa, katsokoot viisaat eteensä.

Köyhä pärjää vähemmällä, rikas ei paljollakaan.

Mihin silmä osuu, siihen käsi tarraa.

Koskaan ei tarvitse hävetä sitä, että on ollut väärässä; sehän tarkoittaa vain sitä, että tänään on viisaampi kuin eilen. (Jonathan Swift)

Itsekidutukseni äärimmäinen muoto: viisastun päivä päivältä.

On kahdenlaisia asioita, joiden takia ei kannata ärtyä: ne, joille voi tehdä jotakin ja ne, joille ei voi tehdä mitään. (Thomas Fuller)

Edistystä eivät ole keksineet tyytyväiset ihmiset.

Älä etsi syytä, löydä lääke. (Henry Ford)

Oma apu paras apu

On taottava silloin, kun rauta on kuumaa.

Parempi katsoa kuin katua.

Se härjistä puhuu, joka härjillä ajaa.

Raha tulee rahan luo.

Se parhaiten nauraa, joka viimeksi nauraa.

Pienistä puroista ne isotkin joet kasvaa.

Poikkeus vahvistaa säännön.

Parempi myöhään kuin ei milloinkaan.

Paistaa se päivä risukasaankin.

Niin makaa kuin petaa.

Nopeat syövät hitaat.

Nälkä kasvaa syödessä.

Nälkä on paras kokki.

Parempi vähän annettu kuin paljon luvattu.

Pennissä on miljoonan alku.

Sitä kuusta kuuleminen, jonka juurella asunto.

Suu säkkiä myöten.

Suutarin lapsilla ei ole kenkiä.

Sääliä saa ilmaiseksi, kateus pitää ansaita.

Tyhjät tynnyrit kolisee eniten.

Tyhmyydestä sakotetaan.

Tyhmän eväät syödään ensin.

Parempi olla pieni ja valaista kuin suuri ja varjostaa.

Ruukku tihkuu sitä, mitä se sisältää.

Älä luule luuta lihaksi, pässin päätä paistikkaaksi.

Tekevälle sattuu.

Talous tarkka, vakaa markka.

Antavat kädet korjaavat sadon.

Koirat haukkuvat, mutta karavaani kulkee

Kateus on kunnian matkatoveri.

Kiitos on köyhän palkka.

Parempi hidas varma kuin nopea epävarma.

Paras aika istuttaa puu oli kaksikymmentä vuotta sitten. Toiseksi paras aika on nyt.

Onnea ja sateenkaarta ei näe oman talon yllä, ainoastaan vieraan.

Ota ihminen ystäväksi vasta sitten kun olet tapellut hänen kanssaan.

Sana sanalta suuret kirjat tehdään.

Saituri on varas.

Turvallisella polulla peto yllättää.

Tärkeimmät asiat ensin.

Työläintä on olla joutilas.

Usko onneesi, niin saavutat sen.

On parempi pitää piru ulkona kuin ajaa se ulos.

Tuulet puhaltavat toisin kuin laivat tahtoisivat.

Tunnusta syntisi, saat puolet anteeksi.

Kirja on kuin taskuun mahtuva puutarha.

Edellä kulkija kompastuu, jäljessä tulijat pitävät varansa.

Kolme on vaikeata: tuntea itsensä, hillitä ruokahalunsa ja säilyttää salaisuus.

Aika on viila, joka hioo ääntä pitämättä.

Kakkua ei voi yhtä aikaa syödä ja säästää.

Kaksi seikkaa ilmaisee heikkoutta – vaikeneminen silloin kun pitäisi puhua, ja puhuminen silloin, kun pitäisi vaieta.

Kukaan ei ole niin antelias kuin se, jolla ei annettavaa ole.

Kun kaivo on tyhjä ymmärtää veden arvon.

Kun haluat jotakin tarpeeksi kauan,
lakkaat haluamasta.

Kuhmu opettaa pään kumartumaan
alemmas.

Kuu paistaa, mutta se ei lämmitä.

Hyvä löytyy korin pohjalta.

Jos yksi toive sulkeutuu, on tuhat avoinna.

Jos pidän vihreää oksaa sydämelläni,
laulava lintu kyllä tulee.

Jos ostaa paholaisia, joutuu niitä
myymäänkin.

Jos miellytät paarmaa, se puree sinua.

Jos haluat menestyä, kysy neuvoa
kolmelta vanhalta ihmiseltä.

On hyvä olla ystäviä sekä taivaassa että
helvetissä.

Näe suuret linjat, tee pieniä asioita

Nouse vuorelle ja aloita uusi elämä.

Missä on tahtoa on myös tie.

Hattu päästä menneisyyden edessä, takki päältä tulevaisuuden edessä.

Kaikki matkat kävellään askelten varassa.

Mikä on raskasta kestää, sitä on suloista muistella.

Millainen mies, sellainen työ.

Jumala laatii pesän sokealle linnulle.

Jos haluat tuntea maailman, tutustu vanhoihin kirjoihin.

Vain kaatuessaan oppii taas nousemaan ylös.

Valoa on enemmän kuin ikkuna näyttää.

Viisaalta ihmiseltä kysyminen on viisauden alku.

Viisas päättelee itse, tyhmä seuraa yleistä mielipidettä.

Viisaan yksi päivä on arvokkaampi kuin tyhmän koko elämä.

Venäläinen valjastaa kauan, mutta ajaa nopeasti.

Älä hätäile hätätilanteessa.

Kielesi on ratsusi: jos hoidat sitä hyvin, se hoitaa sinua, jos laiminlyöt sen, se pettää sinut.

Kiirehdi hitaasti.

Ei pidä juoda purosta, jos voi ammentaa lähteestä.

Ei Roomaa rakennettu yhdessä päivässä.

Kun käsi koukistuu, niin suu avautuu.

Yksi kokenut mies on arvokkaampi kuin sata taitavaa.

Ei onni potkaise kahdesti.

Älä pelkää mitään, sillä jokainen uusi yritys muuttaa kaikki entiset tappiot arvokkaiksi opetuksiksi, kaikki synnit kokemuksiksi. (Katherine Tingley)

Älä anna periksi missään – älä ikinä missään – eikä ainakaan missään pienessä tai suuressa, tärkeässä tai vähäpätöisessä asiassa – paitsi kun sitä vaatii kunniantunto tai hyvä maku. (Winston Churchill)

Tappio voi olla ensimmäinen askel kohti jotakin parempaa. (Edmund Burke)

Tieto on pelon vastalääke. (Ralph Waldo Emerson)

Tilaisuudet eivät katoa koskaan. Joku toinen kaveri tarttuu niihin, jotka karkasivat sinun käsistäsi.

Voit kohdata vaikeudet kahdella tavalla: voitat joko vaikeutesi tai voitat itsesi niin että uskallat kohdata vaikeutesi.

Viehätysvoima on sisäistä hohdetta, joka heijastuu muihinkin ja saa heidät hohtamaan valoa.

Koskaan ei tarvitse hävetä sitä, että on ollut väärässä; sehän tarkoittaa vain sitä, että tänään on viisaampi kuin eilen. (Jonathan Swift)

Itsekidutukseni äärimmäinen muoto: viisastun päivä päivältä. (Lordi Byron)

On kahdenlaisia asioita, joiden takia ei kannata ärtyä: ne joille voi tehdä jotakin ja ne joille ei voi tehdä mitään. (Thomas Fuller)

Edistystä eivät ole keksineet tyytyväiset ihmiset. (Frank Tyger)

Se, joka ei koskaan epäonnistu, ei myöskään onnistu löytämään mitään uutta.

Jos polulla ei ole minkäänlaisia esteitä, se ei todennäköisesti johda mihinkään.

Murehdi yhtä huolta kerrallaan – jotkut murehtivat kolmea yhtä aikaa: menneitä huolia, nykyisiä huolia ja tulevia huolia.

Ihminen ei ole miellyttävä muille ellei hän hyväksy itseään. (Mark Twain)

Ihmisluonnon syvin tarve on tulla hyväksytyksi.

Loistavat ideat tarvitsevat siipien lisäksi myös laskutelineitä.

Älä luovu ihanteistasi. Ne ovat ankkurisi myrskyn yllättäessä. (Arnold Glasgow)

Pitää suhtautua vakavasti johonkin, jos aikoo elämässä saada jotain iloa (Oscar Wilde).

Iloton ihminen on kuin jousittamattomat kiesit.

Ujot ihmiset aliarvioivat sen, mitä heillä on ja yliarvioivat sen, mitä heiltä puuttuu.

Erinomaisuuden hintana on kuri. Keskinkertaisuudesta saa aina maksaa pettymyksillä.

Kuuluisana olemisessa on se hyvä puoli, että kun ikävystytät ihmisiä, he luulevat vian olevan itsessään. (Henry Kissinger)

Liike-elämä on sodan ja urheilun yhdistelmä.

Harva menestyy liike-elämässä, ellei hän menesty myös jossakin muussa. (Lordi Chesterton)

Älä etsi syytä, löydä lääke. (Henry Ford)

Menestyksen saavuttaa usein se, joka ei tiedä rajoituksiaan.

Itsekäs ihminen on epäonnistunut; ihminen joka elää muita varten, on ainoa todellinen onnistuja.

Nerous on hieman enemmän kuin kykyä tehdä huomioita epätavallisella tavalla. (William James)

Kun todellinen nero ilmestyy maailmaan, tunnette hänet tästä merkistä: kaikki aasit ovat liitossa häntä vastaan. (Jonathan Swift)

Jotkut ihmiset katsovat maailmaa ja kysyvät: miksi? Jotkut ihmiset katsovat maailmaa ja kysyvät: miksikäs ei?
(Bernard Shaw)

Menestyksellä on hintansa – siihen tarvitaan omistautumista, kovaa työtä ja rajatonta antautumista asioille, joiden haluaa tapahtuvan.

Optimisti pitää jokaista onnettomuutta uutena mahdollisuutena, pessimisti pitää jokaista mahdollisuutta onnettomuutena.

Tee rahasta jumalasi, niin se piinaa sinua kuin piru.

Se, joka ei osaa selostaa ongelmaa, ei koskaan löydä siihen ratkaisua.
(Konfutse)

Se, joka rohkeasti uskaltaa, joutuu ottamaan myös epäonnistumisen riskin.

Kaikkein vaarallisinta on liiallinen varovaisuus.

Rohkeus on ihmisen ominaisuuksista tärkein, sillä vain sen olemassaolo voi taata kaikki muut inhimilliset ominaisuudet. (Winston Churchill)

Voit kohdata vaikeudet kahdella tavalla: voitat joko vaikeutesi tai voitat itsesi niin että uskallat kohdata vaikeutesi.

Olemme kaikki oman onnemme seppiä, mutta vain rikkaat myöntävät sen.

Ystäviä tulee ja menee, vihamiehiä kertyy.

Yksikin hyvä ihminen lisää maan päälle on parempi kuin enkeli lisää taivaassa

Ystävän kera mikään tie ei ole pitkä.

Yksinäinen vaeltaja on pian suden saalis.

Ystäviemme ystävät ovat meidän ystäviämme.

Ystävättä jää se, joka virheetöntä ystävää etsii.

Älä hätyytä kärpästä ystäväsi otsalta kirveellä.

Älä heitä kiveä lokaveteen, se roiskahtaa sinun päällesi.

Ystävän takia on kuoltava, vihollisen takia elettävä.

Yksi mies ei voi työntää kuunaria veteen.

Yksi kaivaa kaivon, monet juovat siitä vettä.

Ystävään lyömä haava on parantumaton.

Älä koskaan sano: Lähde , en ikinä juo vettäsi.

Ei leipä lopu syömiseen vaan saamiseen.

Hullu toisen työssä itsensä tappaa.

Etehen elävän mieli, kuollut taakseen katsokohon.

Gramma onnea on parempi kuin kilo viisautta.

Jonkinlainen lääkäri lähellä on parempi kuin erinomainen kovin kaukana.

Kaikki rakastavat lihavaa miestä.

Kun nälättää, janottaa, tanssittaa ja nukuttaa, niin elämä on parhaimmillaan.

Löytyy joitakin sellaisia parannuskeinoja, jotka ovat tautia pahempia.

Mikä ei myrkytä, lihottaa.

Parempi kuolla seisaaltaan kuin elää polvillaan.

Pelko pahimmat tekee.

Ruikuttaja ei ole vahingoittunut.

Syömätön ei jaksa, kylläinen ei viitsi.

Kerro totuus ja juokse

Kiire on paikallaan vain kärpästen
pyydystämisessä.

Ketä rakastat, sen iestä kiskot.

Ei niin pientä tulta ettei savu nousisi.

Ei kukaan ole kaikkia kouluja käynyt.

Eivät harmit ihmistä etsi, vaan ihminen
harmeja.

Kellä on, se on.

Ansiot ja palkka eivät aina kulje
toveruksina.

Asianajaja ja kärrynpyörä kaipaavat
voitelua.

Kova kovaa vastaan synnyttää
kipinöitä.

Kun kärpänen on tarpeeksi röyhkeä,
ryhdytään kärpäslätkän tekoon.

Kun kerran taloni palaa, voin yhtä
hyvin lämmitellä sen ääressä.

Kun hullu löytää öljyä, niin huijarit
valmistavat astioita.

Kun vatsa puhuu, järki vaikenee.

Kun vääryys vallitsee kaikkialla, se käy
oikeudesta.

Kun linnunpojat kokoontuvat, saa
pöllö tuomionsa.

Kun piru tulee vanhaksi se rupeaa
munkiksi.

Kun sinulla on vieras, unohda
köyhyytesi.

Kun sataa jokaisen majan katto kastuu.

Vuode on köyhän miehen ooppera.

Vapaaehtoinen kantamus ei ole taakka

Jos koira viedään väkisin metsälle, se ei aja saalista.

Jos heität kourallisen kiviä, ainakin yksi osuu.

Kun olet kärsivällinen, silkkipuun lehdestä tulee silkkipuku.

Kun meri muuttuu hunajaksi, hukkaa köyhä lusikkansa.

Löytämisen ilo on arvokkaampi kuin se mitä löytää.

Markkinahumussa on rahaa, mutta kirsikkapuun alla on rauhaa.

Millainen lintu, sellainen laulu.

Lohduttajan päätä ei koskaan särje.

Kahden lihapalan välissä kärpänen sekoaa.

Eivät ihmiset pidä lukua siitä, mitä saavat vaan siitä, mitä eivät saa.

Ellei vuorilla ole suuria puita, leikkivät rikkaruohot kuningasta.

Helpompi on vierailla ystävien luona kuin elää heidän kanssaan.

Mielistelijä ei saa menettää malttiaan.

Luota Jumalaan, mutta pane kamelisi liekaan.

Jumalan ja bussinkuljettajan edessä me kaikki olemme tasa-arvoisia.

Viisas unohtaa loukkaukset niin kuin kiittämätön unohtaa hyvät teot.

Menestyksen ovessa on kyltti: "Vedä. Työnnä"

Jätä tämän päivän leipä huomiseksi, älä tämän päivän työtä.

Jumala lähettää lihan ja piru kokit.

Mikään ei vanhene nopeammin kuin hyvä teko.

Mikä on ollut muodissa kerran, tulee muotiin uudestaan.

Elämän kudos on sama, helskyttipä sitä nauraen tai itkien.

Halujen säkillä ei ole pohjaa.

Haluta kaikki: kurjuus. Hyväksyä kaikki: ilo.

Parempi katsoa kuin katua.

Kun pitää suunsa kiinni, eivät kärpäset pääse sinne sisään.

Kun metsästäjä palaa sieniä kantaen,
on paras olla kysymättä, miten retki
onnistui.

Eivät kamelit naura toistensa
kyttyröille.

Jumala antaa parhaat lahjansa
pahimmille lapsilleen.

Jos sydämeni on ahdas, mitä minua
hyödyttää, että maailma on avara.

Joutilaat ovat paholaisen työpaja.

Komea tikari lonkalla vaikka takapuoli
paljaana.

Kun joudutaan joukolla hirteen, se on
juhlaa.

Kun jalka on kipeä käsi hyväilee sitä,
mutta kun käsi on kipeä jalka ei ole
tietääkseenkään.

Kun härkä kaatuu, on heti monta
veistä valmiina.

En taloa myynyt, myin naapurin.

Ei yksi koira surmaa norsua eikä yksi
sormi kirppua.

Kaksi riiteli lehmästä, mutta lehmä
kuuluikin tuomarille.

Jos sinulla ei ole rahaa, ole kohtelias.

Jos kaikki vetäisivät yhtä köyttä,
maailma kääntyisi nurinniskoin.

Jos Jumala asuisi maan päällä, ihmiset
särkisivät hänen ikkunansa.

Lahjat pitää ojentaa, ei heittää.

Kuuntele omantuntosi ääntä, niin
ilman ruokaa jäät.

Kyllä minun juomisestani puhutaan,
mutta koskaan ei ajatella minun
janoani.

Kuu ei piittaa koirien haukunnasta.

Herrat ja koirat jättävät oven
perässään auki.

Hyveellä on laiha kukkaro.

Jalo puu, jalot hedelmät

Omatunto on ihmisen pikku kuningas.

On hyvä olla ystäviä sekä taivaassa
että helvetissä.

Isot varkaat pieniä hirttävät.

Joka ajaa takaa suurta onnea
menettää rauhansa.

Joka harkitsee seuraavaa askeltaan
liian kauan, seisoo koko ikänsä yhdellä
jalalla.

Jokainen antava käsi on kaunis.

Jokainen koira on leijona kotonaan.

Joka osaa nuolla, osaa purra.

Joka maassa kivet ovat kovia.

Jokaisella on oma totuutensa.

Näyttäkää hänelle kuolema, niin hän
tyytyy kuumeeseen.

Hyvä lääke maistuu aina pahalta.

Ihminen on lujempi kiveä ja hennompi ruusua.

Hullulle on jokainen päivä juhlaa.

Kyyneleet ovat sielulle kuin saippua iholle.

Minkä tuleen kadotat, sen tuhkasta löydät.

Mitä isompi katto, sitä enemmän lunta se kerää.

Myllynkivi ei sammaloidu.

Turhuus kukkii, muttei tee hedelmää.

Tyhjä kannu ui pinnalla.

Ulkona koira ja mies, sisällä nainen ja kissa.

Onpa ilkeä eläin – puolustautuu kun sen kimppuun käydään.

Parempi, että vesi kaatuu kuin että ruukku särkyy.

Pitkäkin matka täytyy aloittaa yhdellä askelella

Pitää särkeä kuori päästäkseen käsiksi hedelmään.

Parempi rakentaa siltoja kuin muureja.

Parempi nähdä maailmaa kuin sulkea siltä silmänsä.

Pohjimmainen ei putoa.

Raha on kuin vieras: se tulee ja menee.

Ruoskalla ei aasia saa muuttumaan hevoseksi.

Roomaa ei rakennettu päivässä.

Peitetty liekki on tulisin.

Tappajaleijona ei karju.

Tie tulee tutuksi kävelemällä, työt niitä tekemällä.

Se on paras profeetta, joka arvaa parhaiten.

Sokea, joka näkee on parempi kuin näkevä, joka on sokea.

Joka puhuu, kylvää siemenen, joka kuuntelee, korjaa sadon.

Joka tahtoo vuodessa rikkaaksi, riippuu kymmenen vuoden päästä hirressä.

Joka tiikerillä ratsastaa ei tohdi astua ratsunsa selästä.

Amerikassa tunti on neljäkymmentä minuuttia.

Älä koskaan luota laihaan kokkiin.

Se, mikä ei tapa, se vahvistaa.

Parempi myöhään kuin ei milloinkaan.

Oma apu paras apu.

On taottava silloin, kun rauta on kuumaa.

Torstai on toivoa täynnä.

Samanlaiset linnut aina yhdessä lentävät.

Pienistä puroista isotkin joet kasvavat.

Raha tulee rahan luo.

Rahan tuloa ei voi estää.

Rohkea rokan syö.

Nälkä on paras kokki.

Nälkä kasvaa syödessä.

Tyhmän eväät syödään ensin.

Sukset saa lipsua, mutta ladulta ei saa poiketa.

Parempi tuttu paha kuin tuntematon hyvä.

Aamun torkku, illan virkku, se tapa talon hävittää.

Se mies ei heinijä tie, joka pilivijä kahtoo.

Parempi viikko vunteerata kuin päivä tehdä turhaa työtä.

Toinen mäki, toinen vuori, ei kumarru kumpikaan.

Heikot sortuu elon tiellä.

Joka ei nuorena työtä tee, se vanhana kerjää.

Kauniskaan häkki ei anna linnulle ravintoa.

Laiska töitään laskee.

Ken toiselle kuoppaa kaivaa, se itse siihen lankeaa.

Hyvä on huonokin hädässä.

Missä on tahtoa, siinä on tie

Ei puukaan yhdellä lyömisellä mene poikki.

Parempi vähän annettu kuin paljon luvattu.

Ei nöyrän selkä taitu.

Ei sellaista tietä, jota ei ennen ole käyty.

Kelle paljon annetaan, siltä paljon vaaditaan.

Tyvestä puuhun noustaan.

Kaukaa viisas puuhun nousee.

Hakkaa päälle pohjan poika.

Neuvo hyvä, apu parempi.

Neuvottu mies on puoliksi autettu.

Anna aina anteeksi vihamiehillesi, mikään ei harmita heitä enempää.

Kriitikko on ihminen, joka ei jätä
yhtään kiveä kääntämättä.

Kriitikko on ihminen, joka ei jätä
yhtään käännettä kivittämättä.

Rahaton mies on on kuin hampaaton
susi.

Ei hinta hevosta korota.

Ei vahinko huutele tullessansa.

Älä oleta mitään. Ole valmis kaikkeen.

Saavutettuasi huipun, jatka
kiipeämistä.

Pelko on tässä kaiken aikaa, aivan
jalkojesi alla.

Keskeltä vaikeuksia löytyy
mahdollisuus. (Albert Einstein)

Jos yksi toive sulkeutuu, on tuhat avoinna

Toivo on parasta lääkettä: mikään ei kannusta eikä vahvista niin kuin se, että odotat jotakin huomiselta. (Orison Swett Marden)

Täyttyneen toiveen sijalle astuu aina uusi.

Toivo on sitä, että tunnistaa oman pelkonsa.

Toivo köyhän elättää, pelko rikkaan tappaa.

Yöllä on hyvä uskoa valoon.

Toivossa on hyvä elää.

Ei kiillä kallis kivi silittämättä, eikä ihminen tule täydelliseksi ilman vastoinkäymisiä.

Kun et hermostu etkä kanna huolta,
sinulla on rauha.

Vain se, joka kaikkea toivoo, kaikkensa
antaa. (Kahlil Gibran)

Rakenna siis kalliolle toivos linna, jota
myrskyt eivät kaada. (Aleksis Kivi)

Toivo on heräävä unelma. (Aristoteles)

Olkaa lyhtyjä itsellenne. (Buddha)

Mietiskely on viisauden paras apuri

Tulkoon päivä millainen tahansa, iltaan ja yöhön se loppuu. (Maria Jotuni)

Pahakin päivä päättyy, yhtä hyvin kuin hyvä. (J.W. Snellman)

On vaarallista antautua surun houkutuksille, se vie rohkeuden ja jopa toipumisen halun.

Turha surra, ellei sureminen ole avuksi. (Seneca)

Mikä riemu se koskaan päällä maan on päättynyt kyynelittä. (Eino Leino)

Oikeutettu kärsimys on kestettävä tyynin mielin. (Ovidius)

Enemp on minulla huolta kuin on kuusessa käpyjä.

Sen, joka ei osaa kestää pientä
kärsimystä, tulee varautua paljon
kärsimään. (Jean Jacques Rousseau)

Ihmisen kyky kärsiä on mittaamaton.
(L. Onerva)

Aika saattaa haavan unohduksen
rupeen ja nahkaan. (Aleksis Kivi)

Illalla on vieraana itku, mutta aamulla
ilo. (Ps. 30:6)

Pouta pilvien perässä, ilo seuraa
itkuakin.

Surun päivät ja ilon päivät käyvät
perätysten.

Saammepa täällä niellä montakin
karvasta marjaa. (Aleksis Kivi)

Kun täytyy, niin jaksaa.

Pienet huolet pitävät ääntä, suuret
vaikenevat. (Seneca)

Ne valittavat eniten, jotka kärsivät
vähiten. (Tacitus)

Epätoivo on huono neuvonantaja.

Mikä ei tuhoa minua, tekee minut vahvemmaksi.

Puu, joka taipuu ei taitu tuulessa.

Huolet satavat niiden niskaan, jotka jo entuudestaan ovat märkiä.

Ihminen tottuu kaikkeen, helvettiinkin.

Pelko antaa järkeä tyhmällekin.

On turvallista kaakattaa vasta kun muna on munittu.

Tyly sana on iskua tuskallisempi.

Minkä nuorena oppii, se on kuin kiveen kaiverrettu. Minkä vanhana oppii, se on kuin veteen piirretty.

Onni suosii rohkeaa

Onnen salaisuus on vapaus. Ja vapauden salaisuus on rohkeus. (Thukydides)

Ovi onneen aukeaa ulospäin. (S. Kierkegaard)

Onni ja voima kuuluvat yhteen. Kun sinua kohtaa hyvä onni, sinulla on oltava voimaa kestää se. Sinulla on myös oltava voimaa odottaa onneasi. (Mario Puzo)

Onnettomuutta seuraa aina toinen. Onni saapuu yksin.

Onnella ei ole kukaan viisastunut. (Seneca)

Se, joka ei pidä kenestäkään on onnettomampi kuin se, josta kukaan ei pidä.

Onneksi vaan ne on pienet vahingot.

Onnea saavuttaa vain onnen jakaja.

Jos haluat tehdä ihmisiä onnelliseksi, harjoita myötätuntoa. Jos haluat tehdä itsesi onnelliseksi, harjoita myötätuntoa. (Dalai Lama)

Voidaksesi olla onnellinen, sinun tulee tehdä hyvää. (Leo Tolstoi)

Kyky luopua jostain haluamastaan on onnen olennainen osa.

Onni ei ole tasainen tie vaan erikoinen kyky edetä miellyttävällä tavalla erämaassa.

Elämänsä viisaasti elävän ei tarvitse pelätä edes kuolemaa (Buddha)

Ajatuksemme ovat kaikkein tärkeintä. Meistä tulee sitä, mitä me ajattelemme. (Buddha)

Alituinen epäröinti ei salli minkään teon täyttyä. (Demokritos)

Hän on köyhä, joka ei tunne tyydytystä mistään.

Ahneelle kaikki luonnollinen on liian vähän. (Seneca)

Ajatuksillamme teemme maailman. (Buddha)

Mitä pimeämpi yö, sitä kauniimpi aamu.

Vain tyynessä vedessä voi taivas kuvastua.

Kun sanat menettävät merkityksensä, ihmiset menettävät vapautensa. (Kunfutse)

Älä huolehdi siitä, ettet ole tunnettu vaan koeta tulla tuntemisen arvoiseksi. (Konfutse)

Sulje silmäsi, niin näet selvästi. Lakkaa kuuntelemasta, niin kuulet totuuden.

Jos et tiedä tietä edessäsi, kysy neuvoa vastaantulevilta.

Jos pidän vihreää oksaa sydämelläni, laulava lintu kyllä tulee.

Et koskaan tiedä rajojasi – ellet ylitä niitä. (William Blake)

Harvoin erehtyy teoissaan se, joka pitää itsensä kurissa. (Konfutse)

Pienet lapset, pienet surut, suuret lapset, suuret surut.

Sanat tulisi punnita eikä laskea.

Totuus ja öljy nousevat aina pintaan.

Paras puhuja on se, joka saa ihmiset näkemään korvillaan.

Mistä susi on kerran löytänyt karitsan, sinne se palaa etsimään uutta saalista.

Mitä useammin kysyt, onko pitkä matka perille, sitä pidemmältä tie tuntuu.

Minkä kuulet, unohdat. Minkä näet, muistat. Minkä teet, opit.

Piru houkuttelee kaikkia muita ihmisiä, mutta laiskat houkuttelevat pirua.

Pienimmänkin siemenen sisällä on elämän kipinä.

Ole kärsivällinen – aikanaan munakin kävelee.

Hullu heittää kiven kaivoon ,eikä tuhat viisasta saa sitä ylös.

Hyvät aidat, hyvä naapuruus.

Häpeä sille, joka pettää sinut kerran.
Häpeä minulle, jos hän pettää minut
toisen kerran.

Hillitse hetkellinen vihanpuuska –
vältyt sadan päivän surulta.

Nälkä ajaa krokotiilin vedestä.

Puhdas omatunto on pehmein
päänalunen.

Poissaolevat ovat aina väärässä.

Ruukku iski kiveen – voi ruukkua; kivi
iski ruukkuun, voi ruukkua.

Kuuntele miestä, ennen kuin vastaat –
kuuntele useampia, ennen kuin
tuomitset.

Se, joka kadottaa järkensä, on yleensä
viimeinen, joka sitä kaipaa.

Varas, jolla ei ole tilaisuutta varastaa,
pitää itseään rehellisenä miehenä.

Koti voi korvata maailman, mutta
maailma ei kotia.

Joka on onnekas, saa kukonkin
munimaan.

Jolla on terveyttä on toivoa ja jolla on
toivoa on kaikkea.

Viisas päättelee itse, tyhmä seuraa
yleistä mielipidettä.

Hyvä ihminen tuo hyvyytensä
varastosta hyvää, paha ihminen
pahuutensa varastosta pahaa.

Saavutettuasi huipun, jatka
kiipeämistä.